Antonio Carlos Rodrigues Silva

Desenho de vegetação em arquitetura e urbanismo

Blucher

Desenho de vegetação em arquitetura e urbanismo
© 2009 Antonio Carlos Rodrigues Silva
1ª edição – 2009
4ª reimpressão – 2016
Editora Edgard Blücher Ltda.

Blucher

Rua Pedroso Alvarenga, 1245, 4º andar
04531-934 – São Paulo – SP – Brasil
Tel.: 55 11 3078-5366
contato@blucher.com.br
www.blucher.com.br

Segundo o Novo Acordo Ortográfico, conforme 5. ed. do *Vocabulário Ortográfico da Língua Portuguesa*, Academia Brasileira de Letras, março de 2009.

É proibida a reprodução total ou parcial por quaisquer meios sem autorização escrita da Editora.

Todos os direitos reservados pela Editora Edgard Blücher Ltda.

FICHA CATALOGRÁFICA

Silva, Antonio Carlos Rodrigues
  Desenho de vegetação em arquitetura e urbanismo / Antonio Carlos Rodrigues Silva. – São Paulo: Blucher, 2009.

  ISBN 978-85-212-0476-3

  1. Arquitetura 2. Desenho - Estudo e ensino 3. Urbanismo 4. Vegetação I. Título.

09-00115   CDD-741.07

Índices para catálogo sistemático:
1. Desenho de vegetação: Estudo e ensino   741.07

Aprender é a única coisa de que a mente nunca se cansa, nunca tem medo e nunca se arrepende.
Leonardo da Vinci

A meus alunos e ex-alunos do curso de
arquitetura e urbanismo, aos professores
e colegas arquitetos que me apoiaram
na ideia da realização deste livro.

À minha família, que sempre acreditou neste
projeto, e ao meu amigo Gracielio Magalhães,
professor de paisagismo, que me ajudou com
seus conhecimentos na área de vegetação.

Prefácio

Quando somos estudantes de arquitetura e urbanismo, dedicamos um tempo significativo aos elementos do desenho, buscando sempre o melhor de nossas mãos no que diz respeito à técnica, à forma e à expressão gráfica. O interessante é que, independentemente dessas estruturas do desenho, estamos descobrindo a nossa própria linguagem de representação, afinal, o desenho é uma interpretação pessoal de uma cena, e seu único critério para o êxito é a capacidade que temos em perceber o objeto e sua técnica para representá-lo.

Há nisso um desafio que deve ser encarado como uma habilidade que podemos adquirir e melhorar a cada dia.

Despretensioso em estancar o assunto, este livro surge na intenção de complementar a formação técnica com relação ao desenho da paisagem e, em especial, da vegetação em arquitetura e urbanismo.

Por meio de uma linguagem prática e direta, somos convidados a experimentar a prática do desenho utilizando dois princípios básicos: o primeiro mostrando cada estrutura vegetal passo-a-passo, desde a sua concepção como planos de construção até os acabamentos necessários para melhor representá-la; e o segundo se preocupa em aumentar a escala do desenho e suas complexidades, oferecendo ao leitor possibilidades de composição que potencializam significativamente a representação do projeto.

Sermos capazes de desenhar o que está diante de nós, seja uma paisagem, uma figura ou um retrato, é um dos maiores prazeres da vida.

Prof. Msc. Rodrigo Capelato
Arquiteto e Urbanista

Apresentação

Este livro visa contribuir para o conhecimento daqueles que lidam com a área de apresentação de projetos de arquitetura e urbanismo (arquitetos, estudantes de arquitetura), como também dos profissionais das artes plásticas.

Dentro da bibliografia de desenho de apresentação para projetos de arquitetura e urbanismo existem infinidades de obras em que são mostradas variadas técnicas. Este trabalho, assim, contribui para essa bibliografia.

A ideia de fazer este livro surgiu de minha observação, como docente, ministrando disciplinas de expressão gráfica no curso de arquitetura e urbanismo no Centro Luterano de Manaus (CEULM), em que constatei que a maioria dos livros sobre esse assunto não mostra o desenho de vegetação de forma desdobrada passo-a-passo. Os desenhos (de vegetação) são apresentados quase sempre como um produto final, compondo um portfólio. A questão do ensino passo-a-passo é muito raro.

Diante dessas constatações, resolvi elaborar este livro, utilizando um método que mostre todo o processo de desenho da vegetação em arquitetura e urbanismo. Esta obra certamente oferecerá oportunidades tanto aos aluno como aos professor, pois facilitará o ensino e a aprendizagem em cursos ligados ao assunto.

A questão voltada ao desenho é quase sempre relacionada com o "dom", aquilo que a pessoa traz dentro de si, e esta obra mostra que qualquer pessoa pode aprender a desenhar. No caso específico, desenhar a representação gráfica da forma estilizada da vegetação.

Prof. Msc. Antonio Carlos Rodrigues Silva
Arquiteto e Urbanista

Conteúdo

Introdução
    A estilização   *3*
    A abordagem   *4*
    O princípio básico   *5*

Etapa 1 – O desenho de uma folha isolada
    A folhagem   *9*
    Desenhando a folha da Costela-de-Adão   *10*
    Desenhando a folha do Tajá   *13*

Etapa 2 – A representação da planta por inteiro
    Desenhando a planta inteira – Costela-de-Adão   *17*
    Desenhando a planta inteira   *20*
    Desenhando a planta inteira – Tajá   *21*

Etapa 3 – Os arranjos compostos por espécies diferentes
    O arranjo   *27*
    Desenhando um arranjo de espécies diferentes   *28*

Etapa 4 – As herbáceas
    Características das herbáceas   *33*
    Desenhando uma herbácea   *34*
    Exemplos de herbáceas   *40*

Etapa 5 – Os arbustos
    Características dos arbustos   *59*
    Desenhando um arbusto   *60*
    Exemplos de arbustos   *63*

Etapa 6 – As forrações
    Características das forrações   *75*
    Exemplos de forrações   *77*

Etapa 7 – As árvores
    Características das árvores   *83*
    Desenhando uma árvore   *84*
    As palmeiras   *118*
    Desenhando uma palmeira   *119*

Etapa 8 – A aplicação
    Definindo a forma e a volumetria do desenho   *125*
    Aplicação da vegetação em perspectiva   *127*

Introdução

A estilização

Existem várias técnicas de representação do desenho de vegetação em arquitetura e urbanismo, entre elas a acadêmica, a fotográfica, a estilizada, entre outras. Neste trabalho vamos mostrar a estilizada. Começaremos explicando o que é a estilização de uma forma, tomando como base a forma acadêmica de uma folha, ou seja, a forma como ela é encontrada de acordo com a sua natureza.

Se vamos estilizar o desenho de uma determinada folha, sintetizamos a sua representação gráfica, e a forma original da folha passa a ser representada com menos traços em seu novo desenho, ficando ignorados detalhes pouco importantes para a sua definição.

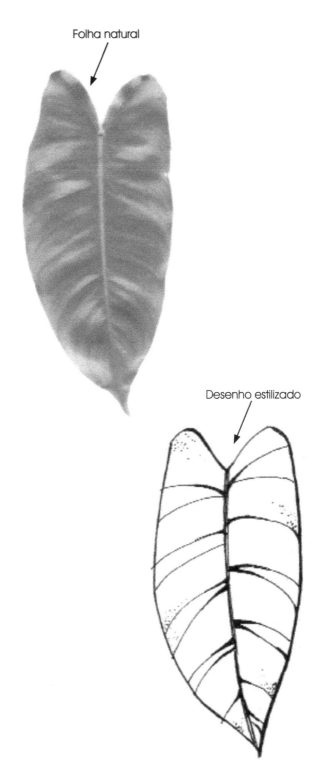

Folha natural

Desenho estilizado

A abordagem

Abordaremos seis itens básicos de representação da vegetação: o desenho da folha, da planta inteira, do arbusto, da forração e da árvore, bem como da composição de arbustos e herbáceas de folhagem ornamental.

O conteúdo deste livro será apresentado em várias etapas, com o objetivo de facilitar o entendimento das técnicas a serem ensinadas em seu decorrer. Iniciaremos o processo pelas representações mais simples e procuraremos aumentar aos poucos o grau de complexidade dos desenhos.

As etapas serão:

1ª o desenho de uma folha isolada;
2ª a representação da planta por inteiro;
3ª arranjos composto por espécies diferentes;
4ª as herbáceas;
5ª os arbustos;
6ª a forração;
7ª as árvores.

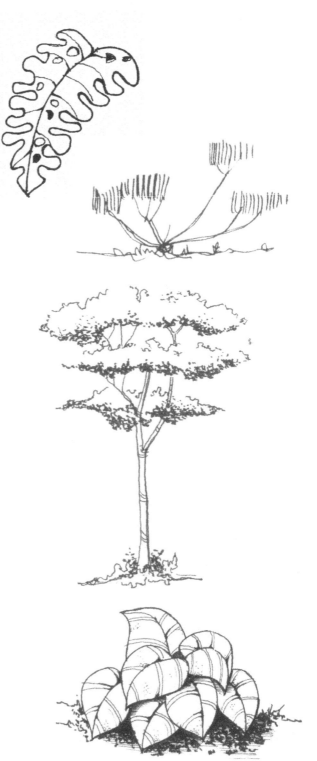

O princípio básico

O princípio das técnicas a ser apresentado é muito semelhante em todos os desenhos desenvolvidos, o qual denominaremos etapa básica, comum a todos.

Em todas essas representações, vamos utilizar lápis macio tipo 2B para a construção das estruturas das formas a serem representadas graficamente e, em seguida, canetas tipo bico de *nylon* e hidrográficas de várias espessuras.

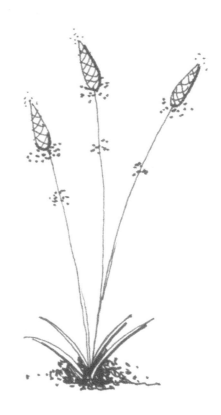

Etapa 1
O desenho de uma folha isolada

A folhagem

Iniciaremos os ensinamentos das técnicas propostas de desenho pela representação das folhagens. Daremos enfoque à representação gráfica de duas herbáceas de folhagem ornamental tipicamente tropicais: a Costela-de-Adão e o Tajá.

São folhagens muito comuns de serem encontradas; suas folhas possuem formas fáceis de desenhar e são muito interessantes do ponto de vista plástico.

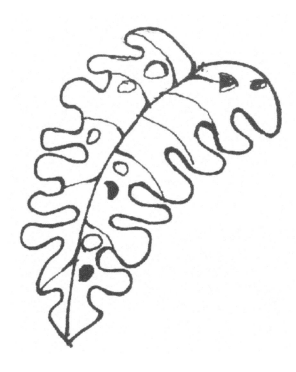

Desenhando a folha da Costela-de-Adão

Neste exemplo abordamos a folha de uma herbácea de forma isolada. A partir de então, seguimos um roteiro com o objetivo de facilitar a compreensão do método aplicado nesse processo de desenho.

1. Com um lápis de mina macia (HB ou B) trace o contorno e o veio da folha que será desenhada.
2. Sem apagar o contorno feito, dê início às formas rendilhadas, características dessa espécie.

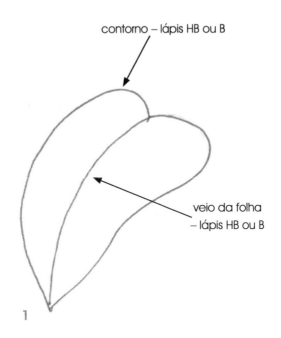

contorno – lápis HB ou B

veio da folha – lápis HB ou B

1

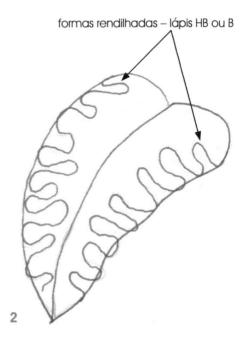

formas rendilhadas – lápis HB ou B

2

3. Nessa fase trace as nervuras existentes na estrutura da folha, que devem acompanhar a sua forma côncava. Tenha cuidado na repetição desses traços para não parecer uma representação mecânica.

4. Nesse estágio, o desenho (a lápis) está pronto para ser todo coberto por uma caneta de espessura fina (0.1). Em seguida, com uma de maior espessura (0.3), cubra somente o contorno do desenho.

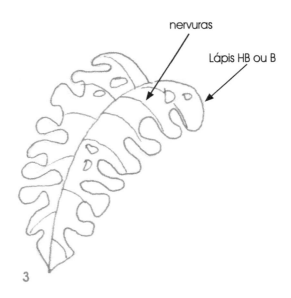

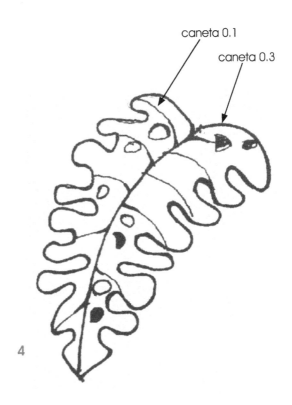

5. A luz e a sombra nas partes superiores e laterais das folhas dão firmeza tridimensional e podem ser transmitidas pela variação da linha. Para dar uma ideia de volumetria ao desenho, imagine um ponto de luz em determinado lugar no papel (neste exemplo o ponto de luz está localizado à esquerda do desenho). No lado oposto, trace o contorno com uma caneta 0.4 e, para dar um "molho" ao desenho, cubra o veio central da folha com a mesma caneta (0.4), aplicando alguns pontilhados com caneta 0.1 em determinadas partes da folha, de forma não-sequencial, para a representação do desenho parecer mais espontânea.

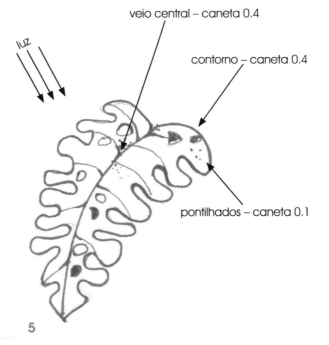

Desenhando a folha do Tajá

Neste desenho aplicamos o mesmo procedimento anterior, utilizando a mesma sequência.

1. Com um lápis de mina macia (HB ou B) trace o contorno e o veio da folha que será desenhada.
2. Trace as nervuras, que devem acompanhar a forma côncava da folha, partindo sempre do veio para as extremidades e de forma desencontrada. Tenha cuidado na sua repetição, procure fazer com que pareça o mais natural possível.

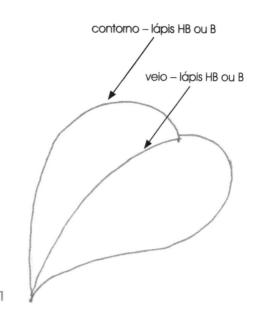

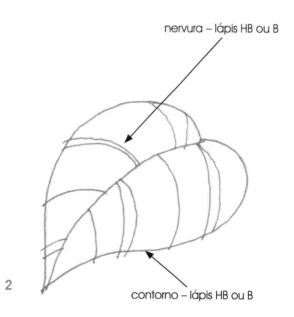

3. A partir daí o desenho está pronto para ser todo coberto por uma caneta de espessura fina (0.1). Em seguida, com uma de maior espessura (0.3), cubra somente o contorno do desenho já realizado.

4. Para dar volumetria ao desenho, imagine um ponto de luz em determinado lugar no papel (neste exemplo o ponto de luz está localizado à esquerda do desenho). O lado oposto deve ser feito com uma caneta 0.4 e, para dar um "molho" ao desenho, cubra o veio central da folha com a mesma caneta (0.4), e depois faça alguns pontilhados com caneta 0.3 em partes da folha, de forma não-sequencial, para dar espontaneidade ao desenho.

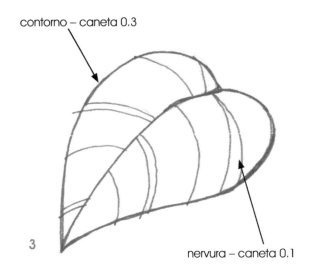

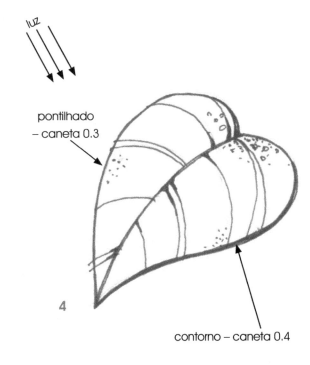

Etapa 2
A representação da planta por inteiro

Desenhando a planta inteira – Costela-de-Adão

1. Com um lápis de mina macia (HB ou B) trace o contorno e o veio das folhas que vão compor o arranjo desejado. Observe as superposições das folhas, passando umas por cima das outras com o objetivo de dar volumetria ao desenho.

2. A partir desse estágio trace as nervuras, que devem acompanhar a forma côncava da folha (neste exemplo as nervuras são representadas por linhas paralelas), partindo sempre do veio da folha para as suas extremidades e de forma desencontrada. Sem apagar o contorno da folha, dê início às formas rendilhadas, característica da espécie.

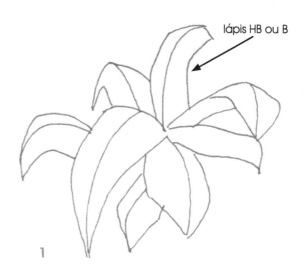

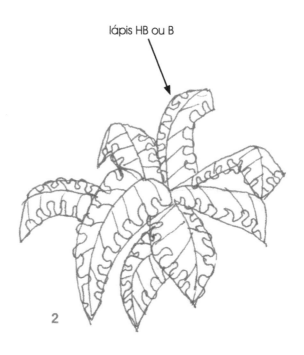

3. Nesse momento o desenho está pronto para ser todo coberto por uma caneta de espessura fina (0.1). Em seguida, com uma caneta de maior espessura (0.3), cubra somente o contorno do desenho já realizado.

4. Para dar uma ideia de volume ao desenho, imagine um ponto de luz em determinado lugar no papel (neste exemplo o ponto de luz está localizado à esquerda do desenho). O lado oposto deve ser feito com uma caneta 0.3 e, para dar um brilho ao desenho, cubra o veio central da folha com a mesma caneta (0.3), fazendo alguns pontilhados com caneta 0.1 em partes da folha de forma não-sequencial. Com uma caneta 0.3 pinte o local de superposição das folhas – considere sempre as suas formas. Essa área a ser pintada vai dar a ideia de volumetria, e a área que não é atingida pela luz, portanto, está sombreada.

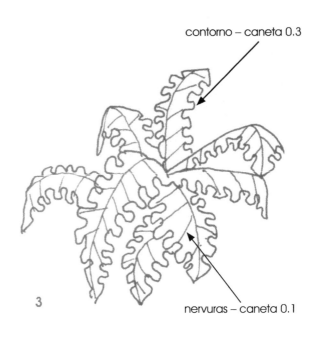

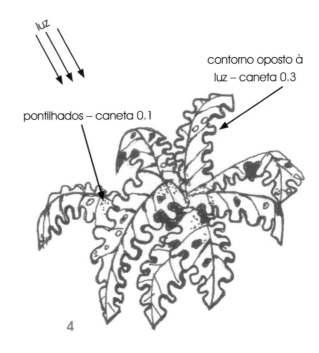

5. Agora inicie a sombra projetada pelo arranjo no chão. Com traços irregulares (feitos com caneta 0.4) comece o escurecimento de dentro para fora; à medida que a mancha escura vai se afastando do arranjo, esta vai se clareando como um degradê.

5

sombra projetada – caneta 0.4

Desenhando a planta inteira

Neste exemplo tem-se um desenho bastante estilizado, utilizando bem o recurso do claro-escuro.

Considerando uma luz em determinado lugar, foi escurecido um dos lados das folhas com hachuras. O desenho foi todo feito com caneta fina, e, em seguida, trabalhou-se com uma caneta grossa, contornando determinadas áreas da folha para dar a ideia de sua volumetria.

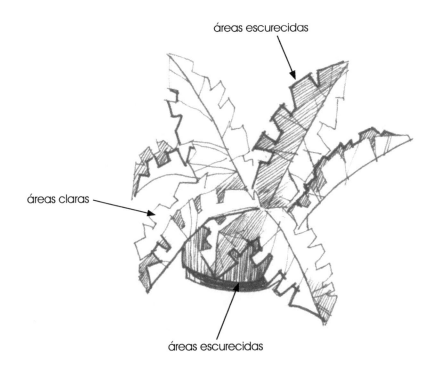

Desenhando a planta inteira – Tajá

1. Com um lápis de mina macia (HB ou B) trace o contorno e o veio das folhas que vão compor o arranjo desejado. Observe as superposições das folhas, passando umas por cima das outras com o objetivo de dar a ideia de volumetria ao desenho.

2. A partir desse estágio trace as nervuras, que devem acompanhar a forma côncava da folha (neste exemplo as nervuras são representadas por duas linhas paralelas), partindo sempre do veio da folha para as suas extremidades e de forma desencontrada.

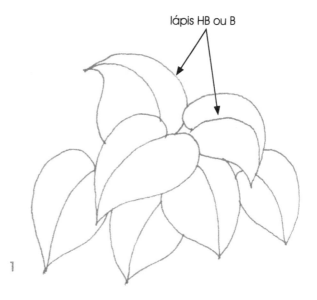

lápis HB ou B

1

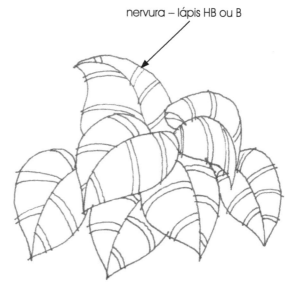

nervura – lápis HB ou B

2

3. Nesse momento o desenho está pronto para ser todo coberto por uma caneta de espessura fina (0.1). Em seguida, com uma caneta de maior espessura (0.3), cubra somente o contorno do desenho já realizado.

4. Para dar uma ideia de volume ao desenho, imagine um ponto de luz em determinado lugar no papel (neste exemplo o ponto de luz está localizado à esquerda do desenho). O lado oposto deve ser feito com uma caneta 0.4 e, para dar um brilho ao desenho, cubra o veio central da folha com a mesma caneta (0.4), fazendo pontilhados com caneta 0.1 em algumas partes da folha de forma não-sequencial. Com uma caneta 0.3 pinte o local de superposição das folhas – considere sempre as suas formas. Essa área a ser pintada vai ajudar a passar a ideia de volumetria, pois a área que não é atingida pela luz está sombreada.

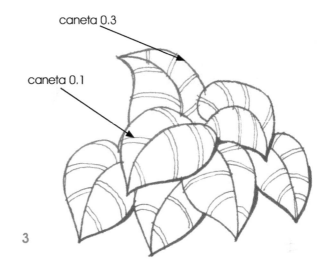

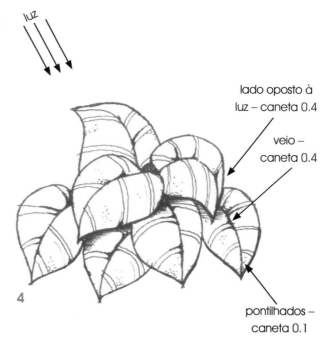

5. Agora inicie a sombra projetada pelo arranjo no chão. Com traços irregulares (feitos com caneta 0.4) comece o escurecimento de dentro para fora; à medida que a mancha escura vai se afastando do arranjo, esta vai se clareando como um degradê.

5

sombra projetada   sombra projetada

Etapa 3
Os arranjos compostos por espécies diferentes

Desenho de vegetação em arquitetura e urbanismo

O arranjo

O arranjo é uma composição feita por várias espécies de plantas. No decorrer das lições, esse será nosso enfoque. No projeto paisagístico, vários tipos de arranjos são sempre utilizados, e, em nossos exercícios, vamos ensinar a representá-los graficamente.

Desenhando um arranjo de espécies diferentes

O arranjo é uma composição de várias espécies de plantas. Esse desenho deve ser feito utilizando-se as técnicas já ensinadas.

Escolha a folhagem que fará parte do primeiro plano (por exemplo, o tajá). Comece o desenho com um lápis 2B e, em seguida, trace a outra folhagem ou um arbusto, de acordo com a composição que se deseja fazer. Evidencie a luz e a sombra por meio de linhas claras e manchas escuras, onde houver a superposição de folhas, para dar a ideia de profundidade e volumetria ao arranjo.

É bom lembrar que a técnica utilizada é a mesma, fazendo primeiro o desenho com o lápis, depois utilizam-se as várias canetas de acordo com as necessidades da representação.

Desenho de vegetação em arquitetura e urbanismo

Os exemplos a seguir foram desenhados utilizando-se a técnica explicada no decorrer das lições anteriores.

No primeiro desenho temos um arranjo composto por uma folhagem e uma forração. A forração foi desenhada utilizando-se somente o seu contorno, representando uma massa de vegetação, feito com traços de diferentes espessuras e formas irregulares, propondo uma naturalidade. Os locais de superposição entre as folhas foram escurecidos ao máximo para sugerir volumetria ao desenho.

No segundo exemplo temos um desenho feito basicamente com a utilização de contornos das espécies que compõem o arranjo. Os tons claros e escuros foram lançados como recurso para se conseguir a ideia de volumetria.

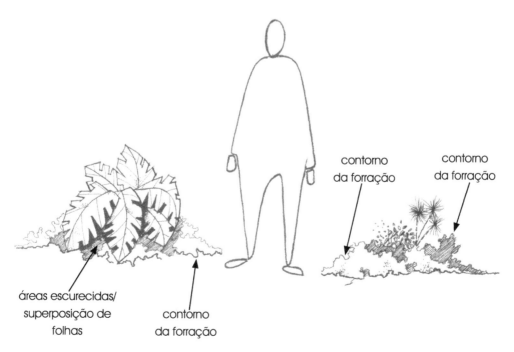

Já neste desenho temos um arranjo composto por várias espécies de vegetação, sendo evidenciada a técnica de contraste, em que se usou bastante o claro e o escuro, tirando partido das sombras provocadas pelas superposições das folhas, que foram escurecidas ao máximo para sugerir volumetria ao desenho.

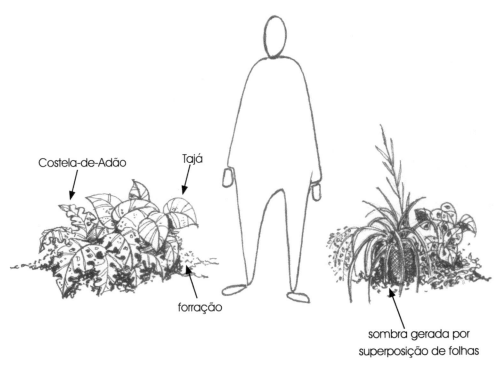

Etapa 4
As herbáceas

Desenho de vegetação em arquitetura e urbanismo

Características das herbáceas

Do ponto de vista do paisagismo, dividiremos as plantas herbáceas em três grupos, de acordo com as diferentes funções na paisagem: as herbáceas erguidas, ou simplesmente herbáceas, as forrações e os pisos vegetais.

As herbáceas são plantas de caule não resistente, herbáceo, com altura raramente acima de um metro.

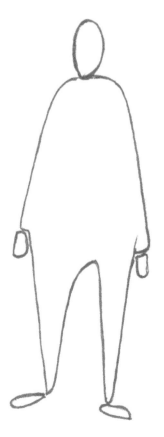

33

Desenhando uma herbácea

1. Utilizando um lápis de mina macia (2B) trace a haste do arbusto, procurando dar um clima bem natural ao desenho.
2. Na extremidade de cada traço, faça a forma da flor característica dessa herbácea. Continue com a ideia de naturalidade ao desenho e evite dar a idêntica forma às flores; faça-as apenas semelhantes. Iniciamos, então, o desenho da herbácea.

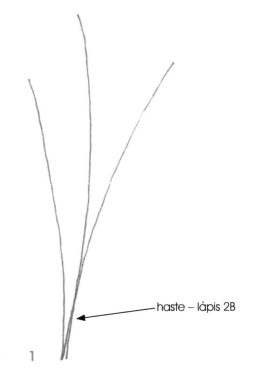

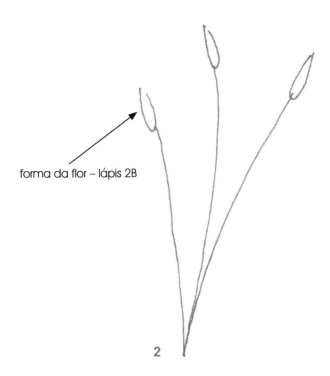

Desenho de vegetação em arquitetura e urbanismo

3. Para completar o desenho das flores, trace uma malha em diagonal de acordo com as suas características, sempre acompanhando a forma cilíndrica. A partir, desse estágio, o desenho está pronto para receber o traço de caneta 0.1.

Em seguida, cubra todo o contorno e a haste do arbusto. Repita o traço do contorno, agora com uma caneta de maior espessura (0.4).

4. Para dar volumetria ao desenho, imagine um ponto de luz em determinado lugar no papel. O lado oposto deve ser feito com uma caneta 0.4 e, para dar um "molho" ao desenho, pontilhe em torno das flores com uma caneta 0.2 de forma não-sequencial, para dar espontaneidade ao desenho.

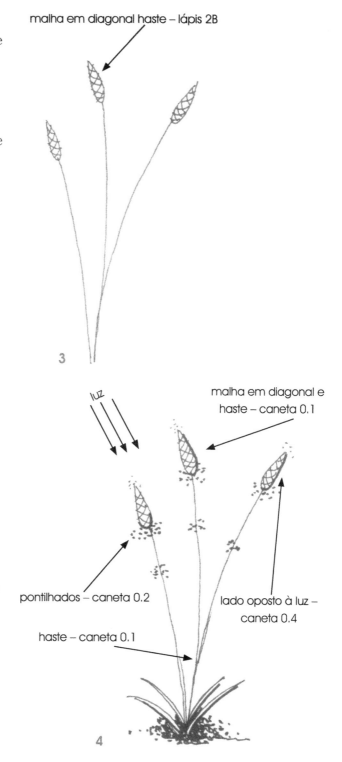

35

Este arbusto é feito de maneira muito simples, pois trabalha-se apenas com traços paralelos.

1. Dê início ao desenho pela sua estrutura, fazendo-a por meio de um único traço com lápis 2B.
2. Ainda com o lápis 2B trace o contorno das folhas e a haste da herbácea.
3. Acabadas essas duas fases, comece então a preencher os contornos das folhas com traços paralelos entre si e perpendiculares aos veios centrais das folhas, bem como a sua haste, utilizando uma caneta 0.2. Depois é só apagar os traços feitos com o lápis e o desenho está pronto.

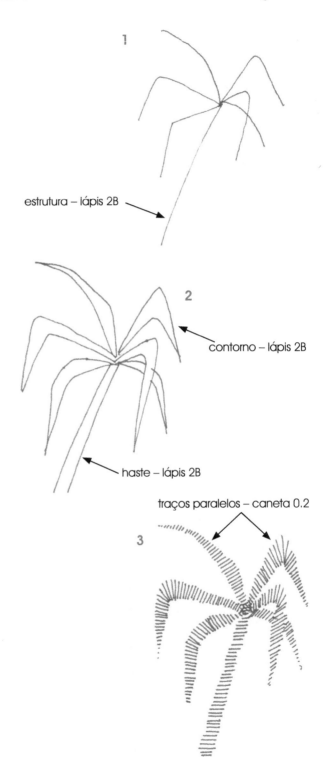

Este exemplo é uma aplicação da lição anterior. Deve-se fazer o início do desenho utilizando somente a estrutura da herbácea. Com um lápis 2B faça a primeira e a segunda fase do desenho e, em seguida, os traços perpendiculares aos veios das folhas e hastes da herbácea com uma caneta 0.2. Para concluir, apague os traços a lápis e o desenho está pronto.

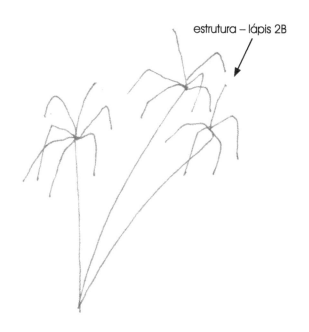

estrutura – lápis 2B

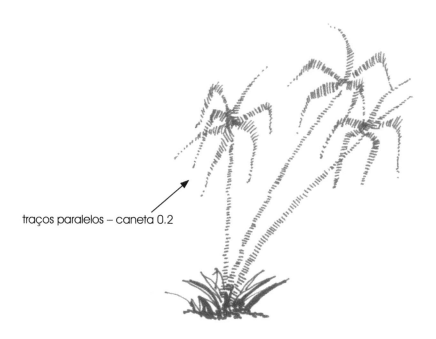

traços paralelos – caneta 0.2

Neste exemplo vamos trabalhar quatro passos:

1. Faça a lápis a composição das folhas da herbácea, considerando as suas superposições para dar naturalidade ao desenho. Faça só os contornos, os veios e a haste.

2. Comece a traçar as nervuras das folhas, utilizando também um lápis. Lembre-se de que as nervuras devem acompanhar a forma côncava da folha.

Neste exemplo as nervuras saem a cada duas de um mesmo ponto (no veio), divergindo para a extremidade da folha.

Em seguida, passe a caneta **0.1** em todo o desenho.

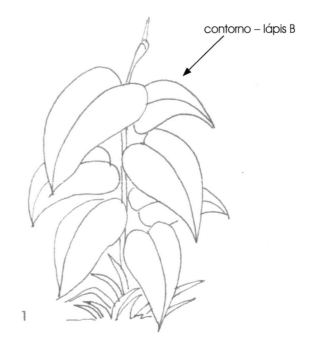

contorno – lápis B

1

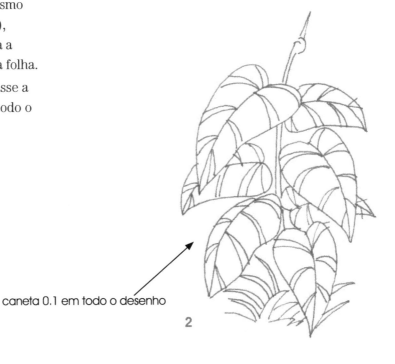

caneta 0.1 em todo o desenho

2

3. Depois de coberto todo o desenho da herbácea, é o momento de utilizar uma caneta de espessura 0.3. Faça, então, os contornos e os veios, deixando aparecer uma diferença de espessura entre estes e as nervuras mais finas.

4. Agora dê volumetria ao desenho. Imagine um ponto de luz e, quando oposto a este, engrosse (escureça) o contorno das folhas. A haste também deve receber o mesmo processo.

Para se dar ainda mais "molho" ao desenho, faça alguns círculos de diâmetros variados em determinadas partes das folhas.

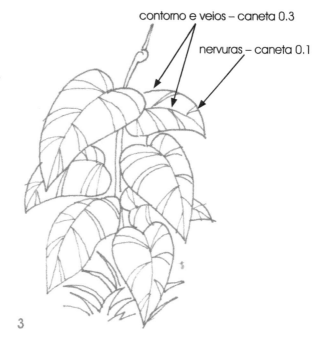

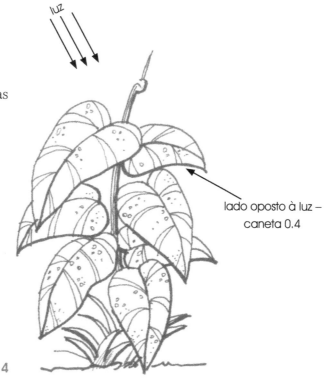

Exemplos de herbáceas

Esse desenho é muito simples, basicamente é tudo o que já foi ensinado. As folhas devem dar ideia de leveza e a haste é feita com traços paralelos.

Desenho de vegetação em arquitetura e urbanismo

Este desenho foi feito utilizando-se a técnica do claro/escuro, considerando um dos lados das folhas como se estivesse na sombra. Esses espaços foram preenchidos com uma caneta de espessura 0.4, para facilitar o cobrimento da área a ser escurecida.

Na base foram desenhadas folhas de formas simples, mas sempre considerando as sombras em um de seus lados.

No desenho seguinte também está presente o claro/escuro tanto nas surperposições de suas folhas como em sua base, para mostrar sua volumetria.

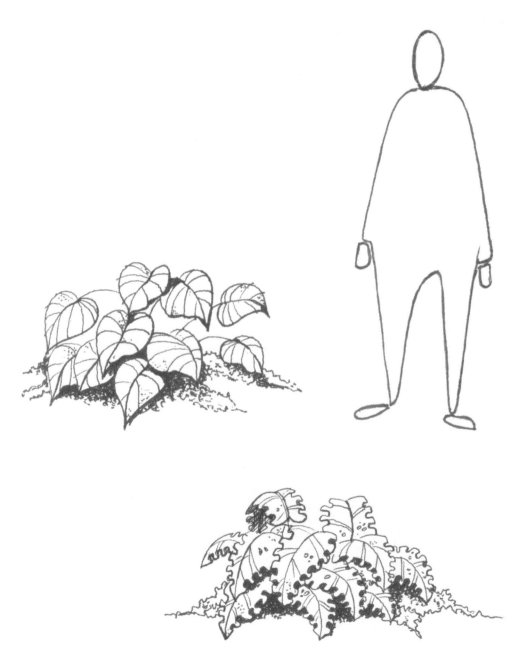

Nas próximas páginas mostraremos alguns exemplos de arbustos desenhados com a utilização das técnicas já ensinadas.

Desenho de vegetação em arquitetura e urbanismo

45

Antonio Carlos Rodrigues Silva

Desenho de vegetação em arquitetura e urbanismo

Desenho de vegetação em arquitetura e urbanismo

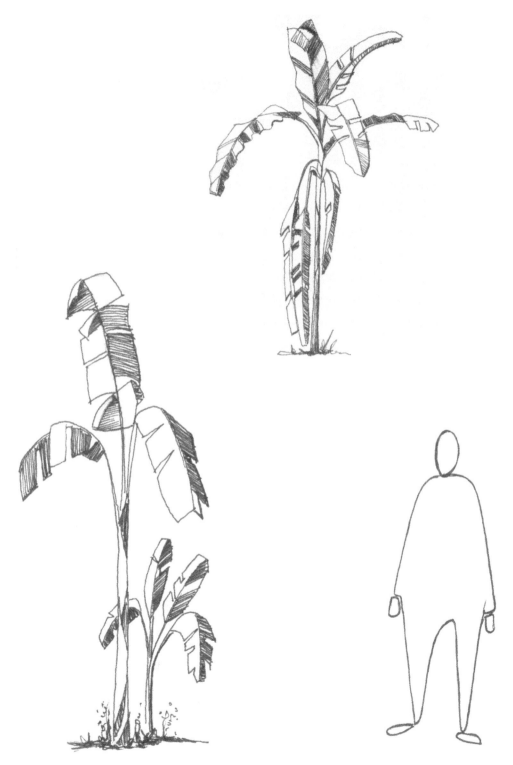

Desenho de vegetação em arquitetura e urbanismo

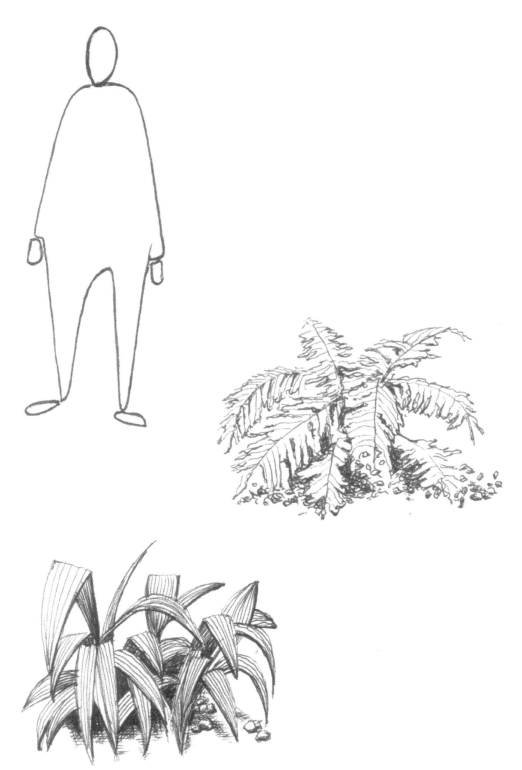

51

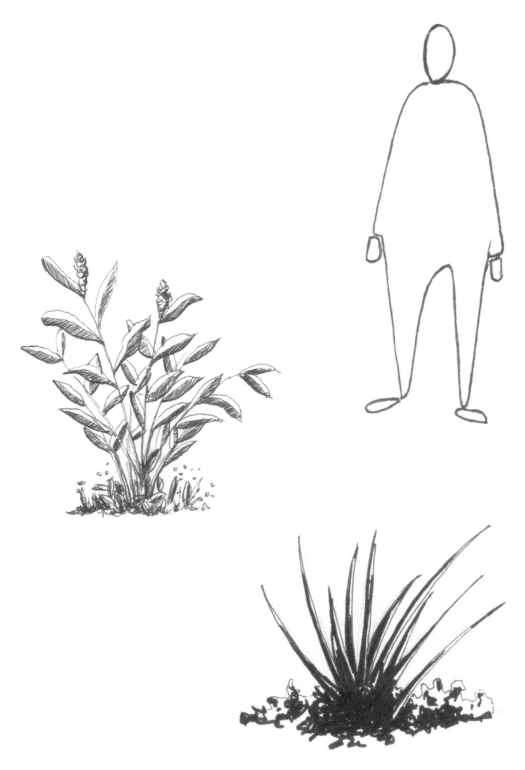

Desenho de vegetação em arquitetura e urbanismo

53

Desenho de vegetação em arquitetura e urbanismo

Antonio Carlos Rodrigues Silva

56

Etapa 5
Os arbustos

Características dos arbustos

Os arbustos formam um conjunto de plantas bem características, muito relacionadas com as árvores, diferenciando-se destas pelo seu porte menor, até aproximadamente 6m de altura, e, principalmente, por terem seu caule repartido próximo ao solo.

Desenhando um arbusto

1. Aqui temos um processo fácil para desenhar um arbusto.

   Comece o desenho pela construção das hastes. Tenha o cuidado de fazer os círculos em tamanhos diferentes. Considere, de preferência, o diâmetro do círculo central maior.

2. As folhas são feitas com traços rápidos, partindo de um mesmo ponto para fora. Considere as folhas como se estivesse dentro do círculo, para ajudar na representação da forma.

   Utilize, também, canetas de espessuras variadas.

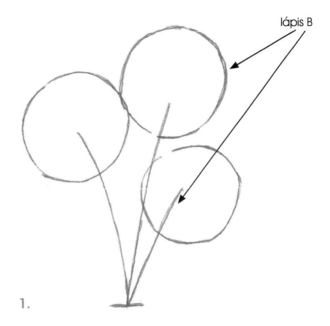

1.

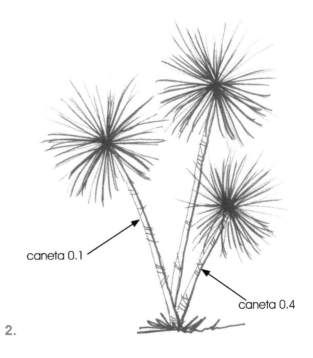

2.

1. Seguindo o processo do desenho anterior, faremos a representação de mais um arbusto. Comece fazendo a sua estrutura, utilizando traços a lápis. Faça quatro galhos saindo de forma divergente pouco acima do chão.

2. Faça círculos com pequenas diferenças de diâmetros nas extremidades de cada galho, fazendo coincidir o centro do círculo com a extremidade do galho.

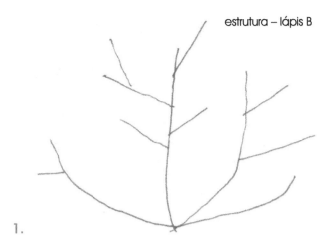

1.

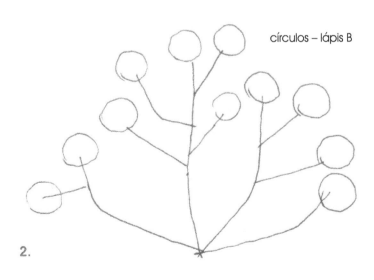

2.

3. Depois de desenhado cada círculo em seu lugar, comece a cobrir com pequenos traços paralelos (utilizando uma caneta 0.2) as estruturas dos galhos feitos na primeira etapa.

4. A partir desse estágio, trabalhe com uma caneta de espessura 0.3 e comece a desenhar as folhas do arbusto, fazendo traços a partir dos centros dos círculos para suas extremidades, procurando preencher toda a sua área. Apague os traços feitos a lápis e o seu desenho estará pronto. Para dar um "molho" à representação do arbusto, faça alguns traços irregulares em sua base para criar um clima de vegetação.

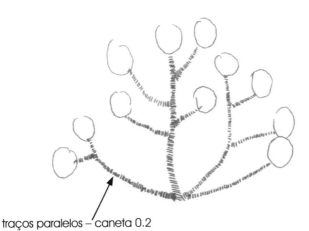

traços paralelos – caneta 0.2

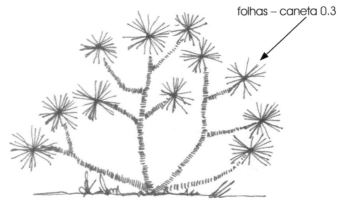

folhas – caneta 0.3

Desenho de vegetação em arquitetura e urbanismo

Exemplos de arbustos

Antonio Carlos Rodrigues Silva

Desenho de vegetação em arquitetura e urbanismo

65

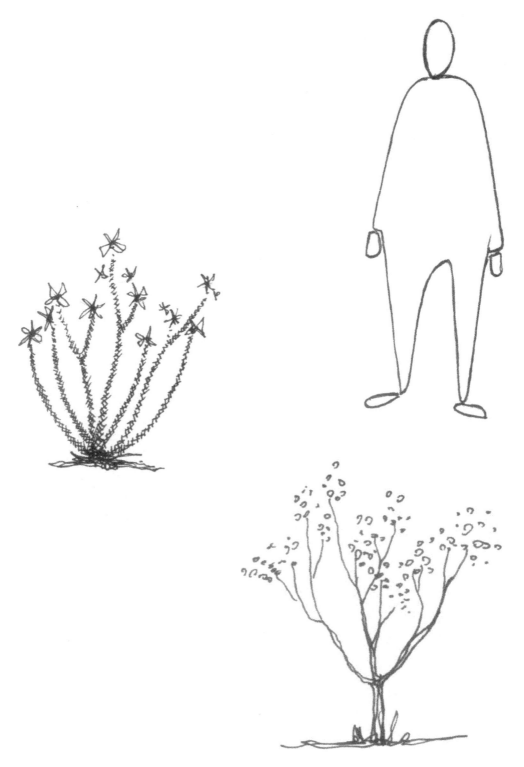

Desenho de vegetação em arquitetura e urbanismo

Antonio Carlos Rodrigues Silva

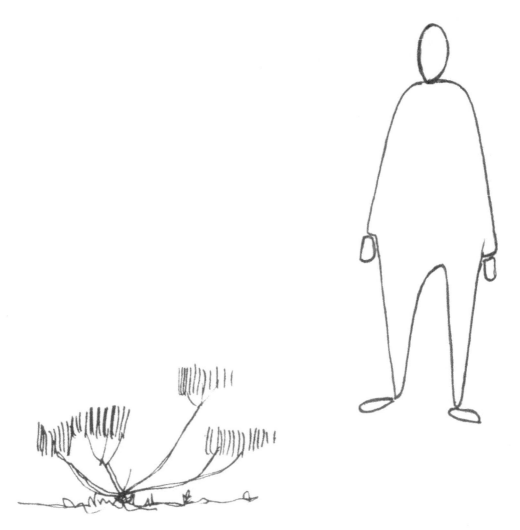

68

Desenho de vegetação em arquitetura e urbanismo

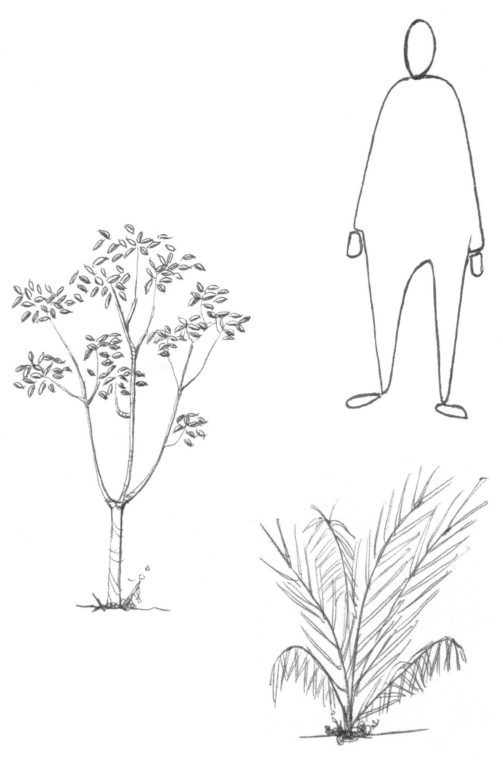

Desenho de vegetação em arquitetura e urbanismo

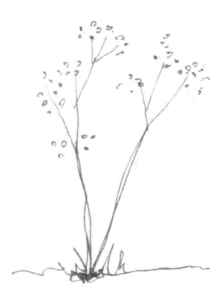

Etapa 6

As forrações

Desenho de vegetação em arquitetura e urbanismo

Características das forrações

Forrações são plantas herbáceas rasteiras, geralmente dispostas em comunidades densamente enraizadas, com altura até 30cm, aproximadamente, que não admitem pisoteio.

Na representação gráfica estilizada de uma forração, os detalhes existentes na planta a ser desenhada são desconsiderados.

A seguir mostraremos alguns exemplos em que foram enfatizados seus contornos com linhas irregulares, sugerindo a forma da massa de vegetação, evidenciando a volumetria por meio do jogo de claro e escuro.

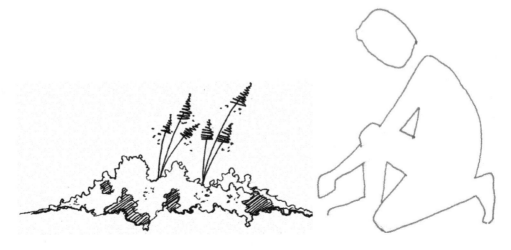

Exemplos de forrações

Nestes exemplos, apresentamos mais de um tipo de vegetação nas composições. No primeiro desenho a ênfase é dada com a técnica dos claros e escuros, e empregou-se folhas em forma de tajás. É bom observar que não houve a necessidade da representação dos talos e das folhas.

O segundo segue o mesmo processo. A planta é vista de uma forma geral, sem os detalhes. Nesta representação, a forração propriamente dita foi desenhada fazendo-se o seu contorno com traços irregulares e com algumas manchas escuras, o que veio sugerir forma e volume.

Nestes dois exemplos, o contraste está bem
evidenciado, pois foi utilizada a técnica dos claros e
escuros para se dar a ideia da volumetria.

Desenho de vegetação em arquitetura e urbanismo

Etapa 7

As árvores

Desenho de vegetação em arquitetura e urbanismo

Características das árvores

Árvores são plantas arbóreas, com estrutura ramificada de diferentes formas, caule único, ramos providos de folhas laminares, com formas e tamanhos variados.

Existe uma infinidade de tipos diferentes de árvores. A seguir vamos desenvolver algumas delas.
Os desenhos a serem apresentados serão todos de formas estilizadas.

Desenhando uma árvore

Para desenharmos uma árvore, a melhor maneira de fazermos é por meio de sua observação.

Comece desenhando a sua forma de maneira simplificada, ignorando seus detalhes. Observe bem a sua copa e perceba a existência de regiões mais claras que outras, o que é uma consequência da luz que incide nas folhas situadas em planos diferentes, provocando, assim, uma variação de tonalidades, as quais chamaremos de regiões de claros e escuros. Essas regiões de claros e escuros é que darão à nossa percepção a ideia de profundidade e de volumetria da massa verde que forma a copa da árvore.

Com o tempo e com a quantidade de exercícios realizados nos é permitido que tenhamos algumas formas guardadas na memória, as quais são externadas por meio do desenho de percepção e, assim, representadas com o recurso da expressão gráfica.

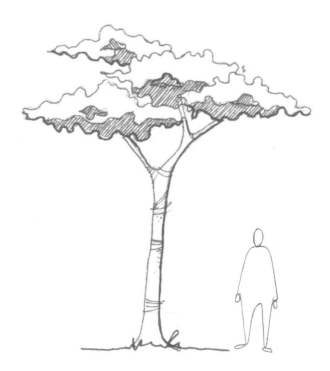

Desenho de vegetação em arquitetura e urbanismo

Antes de começar a desenhar uma árvore, observe sua forma global.

Observe as proporções do tronco e, então, com os olhos semicerrados, procure ver os padrões da folhagem, observando em particular a forma dos espaços deixados entre as folhas.

Primeiro você deve explorar as massas principais, para obtê-las antes de passar a esboçar suas margens, depois delineie o tronco e os galhos principais – o esqueleto –, seguindo a direção do crescimento. Acrescente uma sugestão de tridimensionalidade, construindo claros e escuros para propor a incidência da luz.

1. O primeiro passo é desenhar o caule da árvore que estiver em sua imaginação segundo seu objetivo – isso é feito com um lápis macio –; em seguida, desenhe a sua copa, imaginando-a como se fosse uma massa, ou seja, um volume sobre o caule – esta deve manter uma proporção com a altura do caule, que devem ser aproximadamente iguais, de formas irregulares, lembrando as árvores que você já observou anteriormente.

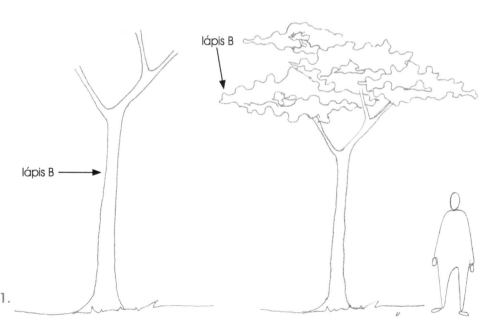

85

2. No próximo passo, determine os espaços que serão escurecidos para dar noção de volume à copa. Não esqueça de imaginar uma luz, em determinada posição em relação à árvore que será desenhada. Segundo essa luz, surgem os claros e escuros, ficando os escuras na parte inferior, ou seja, nas reentrâncias, e os claros, nas áreas que restam na parte superior.

3. Agora utilizando uma caneta **0.1** cubra todo o desenho, depois com uma caneta **0.4** cubra somente o lado oposto à luz imaginada.

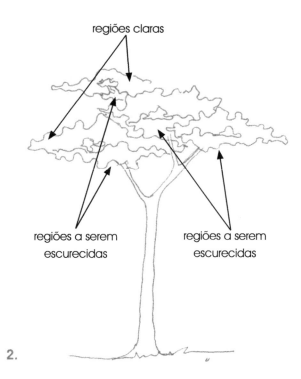

2.

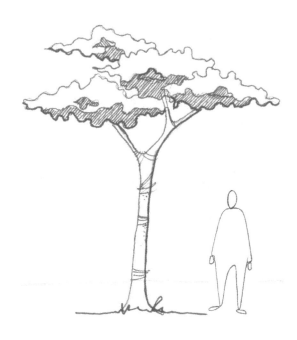

3.

1. O processo de desenho de construção é o mesmo para todos. Primeiro desenhe o caule, em seguida a copa, depois determine a posição da luz e finalmente marque as regiões a serem escurecidas segundo a sua posição, para sugerir a volumetria das copas das árvores.
   Neste exemplo utilizamos a técnica da caneta hidrográfica de ponta grossa.

2. Após ter feito todo o processo de construção e a determinação das manchas a serem escurecidas, cubra essa área batendo com a ponta do pincel hidrográfico, obtendo-se a ideia de folhas. Cubra o desenho do caule feito a lápis com uma caneta 0.3 pelo lado oposto da luz imaginada.

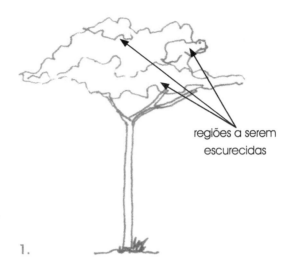

regiões a serem escurecidas

1.

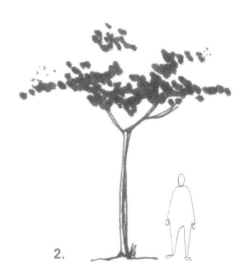

2.

1. Neste exemplo, não faça previamente a determinação das manchas escuras com o lápis, faça diretamente com a caneta após o desenho da forma da copa da árvore, a qual você deve fazer com lápis para depois ser apagado.

2. A técnica utilizada será com a ponta do pincel hidrográfico fino, dessa vez riscando pequenos traços (e não batendo como no desenho anterior) paralelos e verticais, formando manchas escuras, caracterizando, assim, a volumetria da copa desenhada.

Esses tipos de representações de árvores são indicadas para compor o cenário gráfico em um plano mais afastado, ou seja, trabalhando como pano de fundo do desenho principal.

lápis B

1.

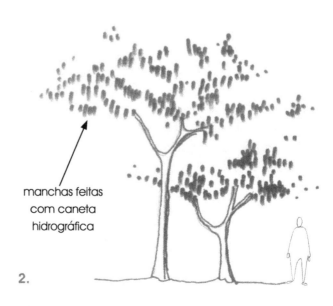

manchas feitas com caneta hidrográfica

2.

Depois de desenhados o caule e a copa da árvore, em determinada posição de luz e com as áreas a serem escurecidas, faça as manchas utilizando uma caneta fina, com traços paralelos no sentido vertical.

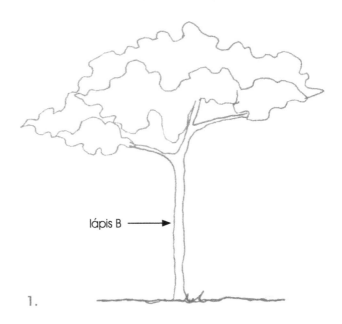

lápis B

1.

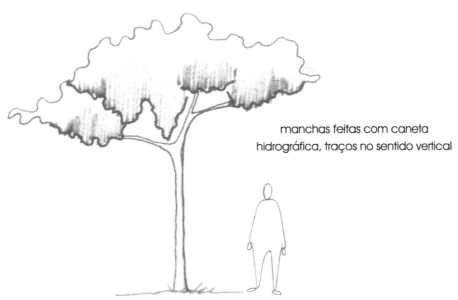

manchas feitas com caneta hidrográfica, traços no sentido vertical

2.

O desenho destas árvores tem o processo de representação igual ao anterior, e é comumente empregado em planos secundários.

A técnica utilizada é de fácil aprendizagem. Partindo do princípio de que a primeira etapa já foi realizada com o uso do lápis, faça o contorno da forma da copa das àrvores usando uma caneta **0.3**, utilizando traços paralelos e verticais, tendo o cuidado para que não sejam de tamanhos iguais, pois isso provocaria uma sensação monótona e sem naturalidade.

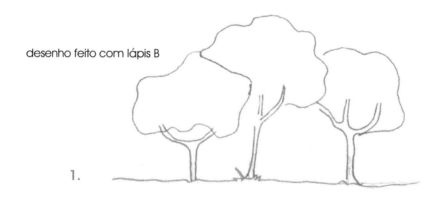

desenho feito com lápis B

1.

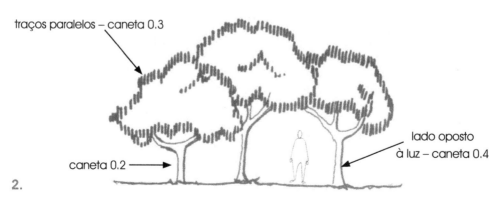

traços paralelos – caneta 0.3

caneta 0.2

lado oposto à luz – caneta 0.4

2.

Desenho de vegetação em arquitetura e urbanismo

Esta representação de árvores segue o mesmo ritual. O importante é quando você fizer a forma das copas; procure dar bastante irregularidade em seus contornos, evitando a sua repetição.

A ausência de detalhes neste exemplo é justamente para que elas representem um plano distante, em que se percebe, em geral, só as formas das árvores.

1.

2.

91

Esta árvore faz parte do exercício em que ela está em planos mais próximos do observador.

A técnica já foi aplicada no exemplo da página 85, técnicas das batidas com a ponta do pincel hidrográfico.

O processo de construção é o mesmo já ensinado em lições anteriores.

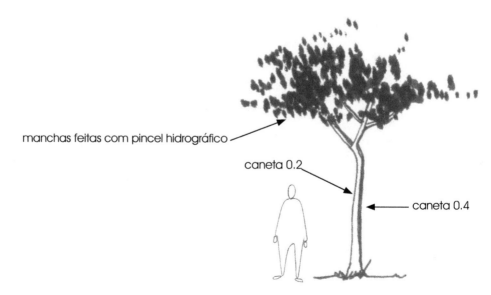

Neste exemplo, o desenho está em primeiro plano e se encaixa também em um dos processos já ensinados, porém, a copa da árvore a ser desenhada é diferente das anteriores, pois mostra suas folhas como se estivessem soltas. Considere que não enxergamos seus talos dentro da distância do observador (detalhes ignorados).

Nesse estágio você já está capacitado a desenhar a forma da copa da árvore que imaginar. As folhas não devem ficar muito próximas uma das outras para não provocar um adensamento. Faça-as com uma distância entre si, para dar uma ideia de permeabilidade e arejamento, atribuindo, assim, leveza plástica ao desenho. Todas devem ter um de seus lados escurecidos para dar uma sensação de volumetria à copa sugerida.

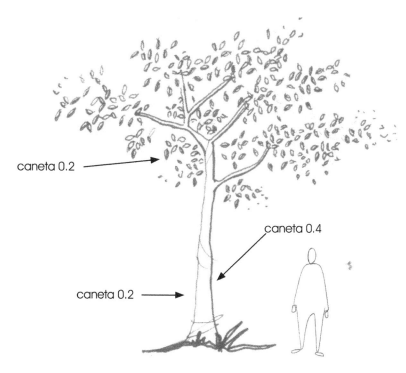

A volumetria deste desenho é sugerida por linhas feitas com caneta de espessura grossa. Na copa não foram utilizadas manchas escuras. No caule foi usado o traço grosso no lado considerado sem luz.

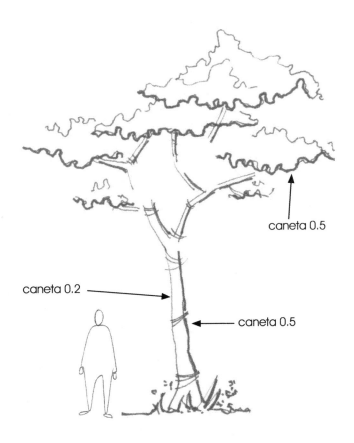

As manchas de sombra neste exemplo foram feitas utilizando-se a técnica da ponta da caneta. Com vários pontos foi dada a ideia de escuro; à medida que vai passando para o claro, os pontos vão ficando menos densos. Nos galhos e no caule foi utilizada a caneta de maior espessura no lado considerado sem luz.

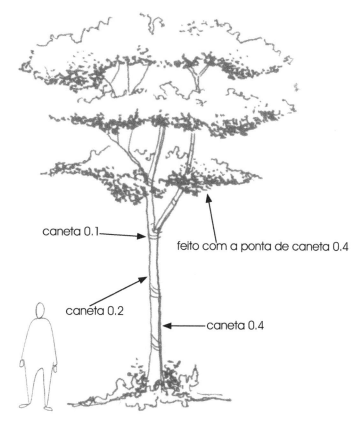

O desenho desta árvore foi desenvolvido representando só o contorno da copa, utilizando-se um traço irregular em todo o seu perímetro. No interior do desenho foram deixadas algumas formas irregulares para conceder volumetria à árvore.

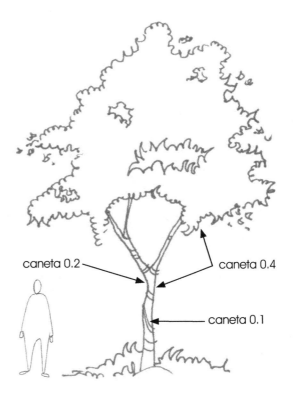

Como no desenho anterior, neste também foi realizado somente o contorno, porém, sem fechar o desenho da copa, já que apenas a forma foi sugerida.

Neste tipo de representação o detalhe não é o mais importante.

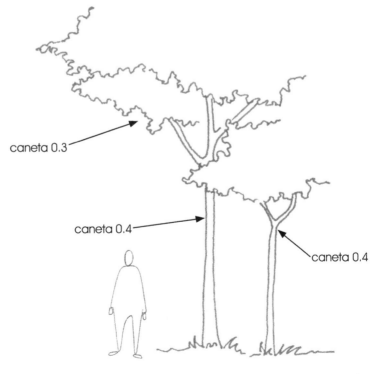

Este desenho foi feito com uma mistura de técnicas já ensinadas.

A copa foi sugerida sem fechamento do contorno. As manchas escuras foram feitas com pequenos círculos próximos um dos outros, formando manchas escuras, sugerindo sombras e, consequentemente, volumetria ao desenho.

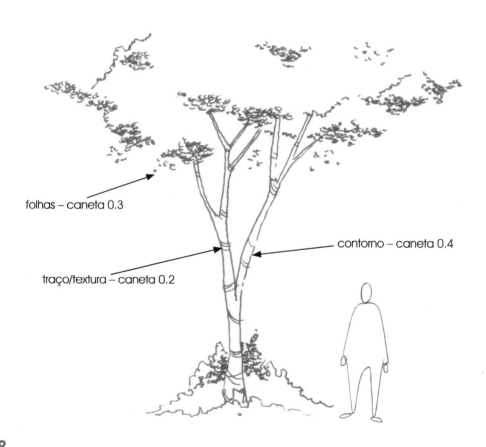

A irregularidade do contorno da representação da copa tem o desenho em forma de pequenas conchas. As manchas escuras foram feitas com hachuras, e os galhos no interior da copa são feitos com um só traço, o que dá leveza ao desenho. No caule utilizam-se traços inclinados, sugerindo uma textura característica das árvores.

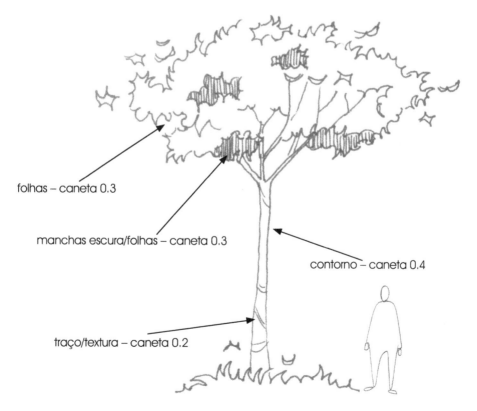

folhas – caneta 0.3

manchas escura/folhas – caneta 0.3

contorno – caneta 0.4

traço/textura – caneta 0.2

Em uma situação na qual se representam muitas árvores, um bom apelo para sugerir profundidade são as diferentes tonalidades de escuro. A árvore em primeiro plano foi trabalhada com traços verticais, e a de segundo plano, com negro total. Essa diferença de tonalidades produz como resultado uma boa profundidade.

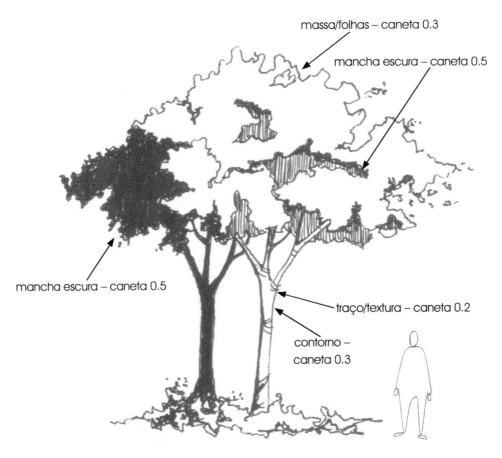

Desenho de vegetação em arquitetura e urbanismo

O desenho desta árvore foi feito utilizando-se a técnica de hachuras. A sua copa foi desenhada com o recurso da diferenciação de planos. Em algumas das massas de "verde" foram feitos somente os contornos para evidenciar o primeiro plano, ficando as outras com hachuras de traços verticais, em que foi utilizada uma caneta de espessura fina, representando, assim, o segundo plano. Essa diferença de claro/escuro sugere uma volumetria, portanto, profundidade ao desenho.

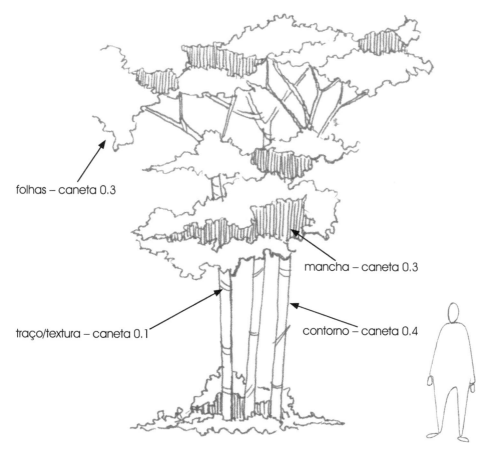

O desenho das folhas desta árvore foi feito com pequenos círculos, procurando conferir maior adensamento (devido à repetição dos traços) nas regiões mais escuras para sugerir sombras e, assim, volumetria. O desenho foi todo feito com caneta esferográfica.

Neste exemplo, a massa de folhas foi representada com pouco adensamento e poucas áreas de sombras espalhadas por toda a copa da árvore, o que produz um efeito de leveza ao desenho. Nos seus galhos foram colocados lados mais escuros, considerando sempre uma só direção da luz.

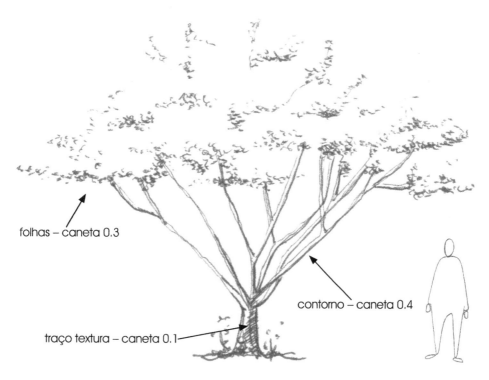

No desenho desta árvore as folhas foram representadas quase que isoladamente, sendo cada uma desenhada sempre considerando um dos lados escuro, evidenciando a vulumetria.

Os galhos e o caule seguem a mesma técnica de manter um dos lados escuro, tendo uma luz como referência.

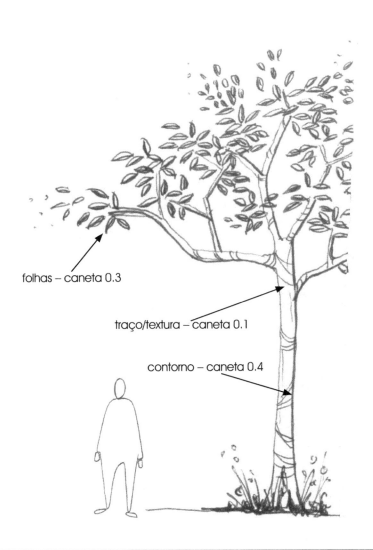

Neste desenho, a massa de folhas foi representada com uma mancha escura contrabalançando com uma área clara. A área escura foi feita com giz de cera, traçado em um só sentido (45°), impondo pressão para obter texturas diferentes.

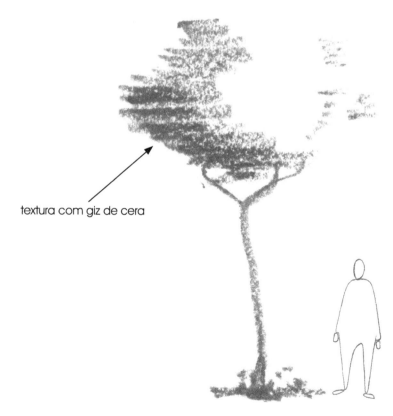

textura com giz de cera

Neste exemplo, a técnica utilizada foi similar
à do desenho anterior; o que mudou foi a forma de sua
copa, o seu caule e a posição dos claros e escuros.

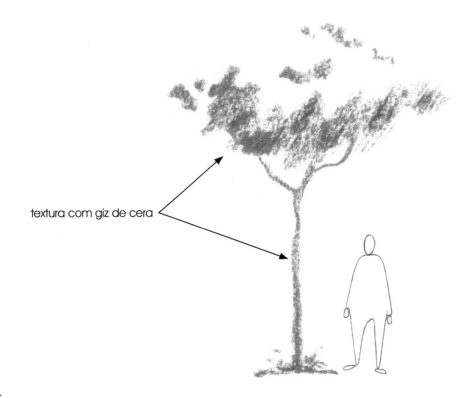

Desenho de vegetação em arquitetura e urbanismo

Esta árvore tem a sua copa pouco adensada e representada por pequenas manchas feitas com traços paralelos e verticais. Em seu caule foi feito um traço fino, dando a ideia de textura.

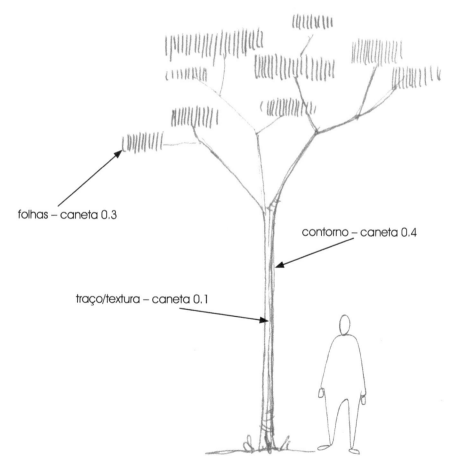

folhas – caneta 0.3

contorno – caneta 0.4

traço/textura – caneta 0.1

Pequenas conchas em quantidades variadas representam as folhas e dão volumetria ao desenho desta árvore. A sua copa não tem o contorno totalmente delimitado pelo desenho das conchas, o que dá leveza à sua representação. Seu caule com poucos traços inclinados impõe uma textura característica.

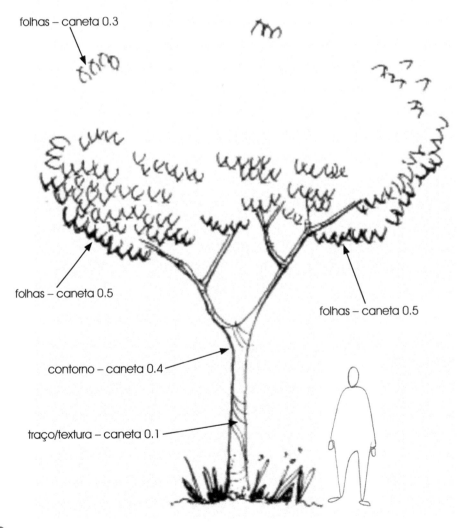

Como no exemplo anterior, as folhas também foram representadas por conchas ligadas umas às outras, formando pequenas massas de verdes e sempre com a sua concavidade voltada para baixo.

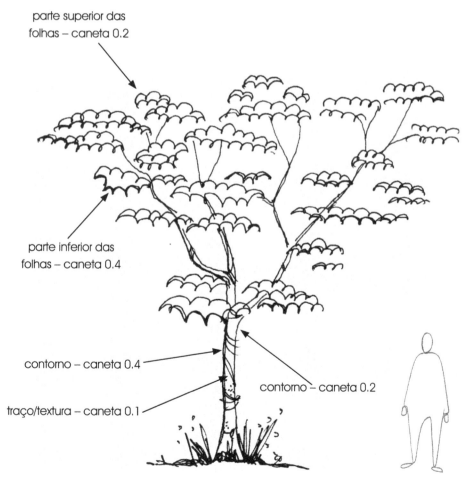

A máxima estilização deste desenho mostra formas bem geometrizadas, representando a silhueta da copa da árvore. Os galhos representados por traços simples completam a sua composição.

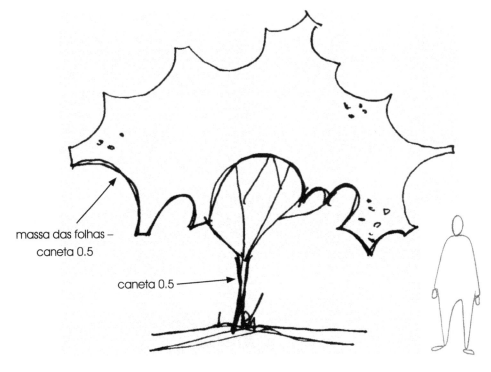

Seguindo o mesmo conceito do desenho da página anterior, em que se buscou a máxima estilização, duas linhas entrelaçadas definem a copa da reapresentação desta árvore.

Tanto os galhos como o caule têm as mesmas características do desenho anterior.

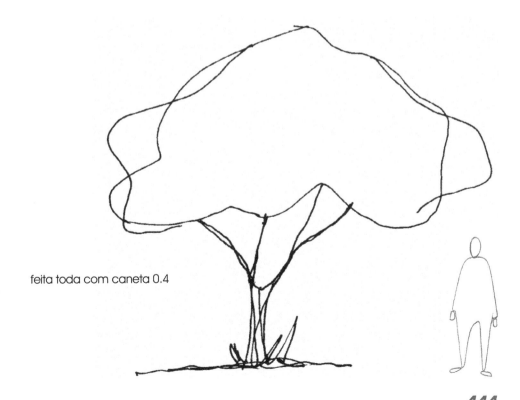

feita toda com caneta 0.4

Neste desenho, uma linha curva cria formas da copa da árvore, procurando dar um equilíbrio estético na composição. Nos espaços vazios da copa aparecem os galhos, com o objetivo de oferecer maior profundidade ao desenho.

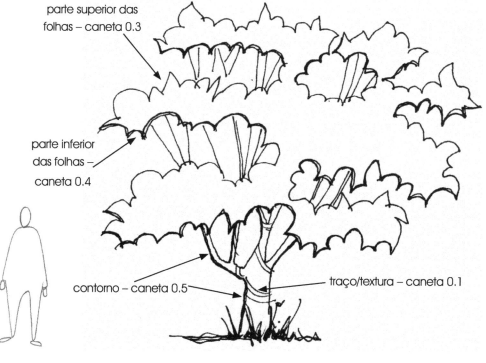

Desenho de vegetação em arquitetura e urbanismo

A massa das folhas foi representada por meio de contornos (0.3), dando a idéia de sua copa. Os galhos e o caule foram marcados com uma caneta 0.4, procurando evidenciar a sombra e, consequentemente, a sua volumetria.

Traços finos (0.1) fazem a textura do caule e dos galhos.

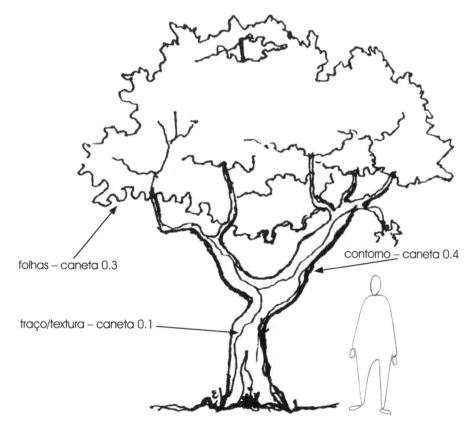

folhas – caneta 0.3

contorno – caneta 0.4

traço/textura – caneta 0.1

113

Neste desenho, um traço (0.3) faz o contorno, sugerindo a copa da árvore e, em seu interior, espaços vazados foram feitos para evidenciar a continuação dos galhos, conferindo profundidade.

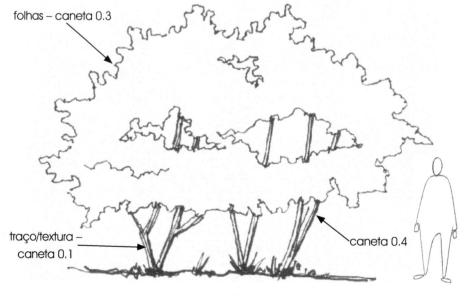

No desenho desta árvore, foram feitos pequenos círculos formando manchas para a representação de suas folhas. Seus galhos e caule foram feitos com traços verticais, evidenciando suas texturas.

feita toda com caneta hidrográfica 0.3

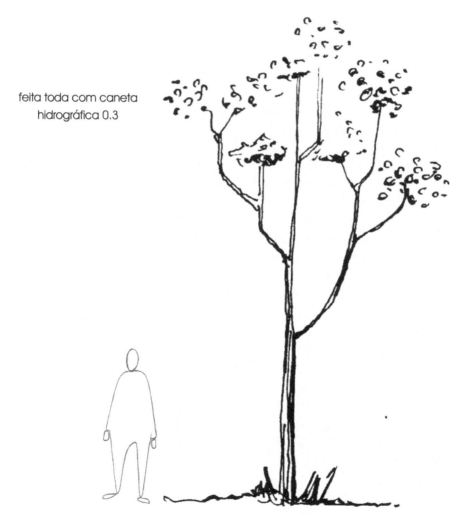

Esta árvore foi feita utilizando-se somente lápis.
É um desenho mais próximo do acadêmico, mas o
princípio é o mesmo: considerar a luz e evidenciar a
sua volumetria.

Desenho de vegetação em arquitetura e urbanismo

A mesma técnica do desenho anterior foi utilizada neste, porém, a textura representada tem características diferentes da anterior.

As palmeiras

As palmeiras são plantas de caule único, providas de folhas alongadas, caracteristicamente pinadas, inseridas em rosetas na extremidade superior do caule.

O desenho desta palmeira foi feito de forma estilizada. Para o processo do esboço, primeiro desenha-se o seu tronco e, em seguida, as suas folhas. Na representação de suas folhas foi usado o recurso da geometrização, com linhas bem retas. As canetas utilizadas foram 0.2 para o contorno de todo o desenho e 0.4 em determinados lugares, obedecendo sempre a ideia de luz em um de seus lados. Isso concede volumetria ao desenho da palmeira.

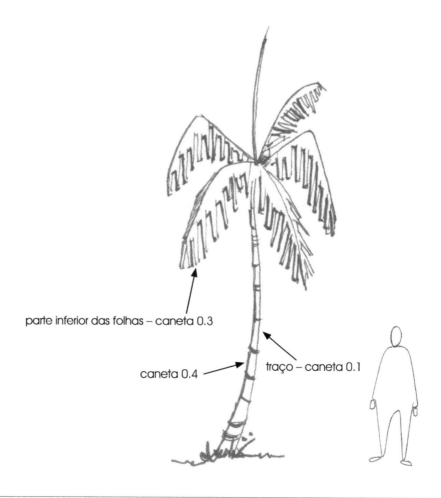

parte inferior das folhas – caneta 0.3

caneta 0.4

traço – caneta 0.1

Desenho de vegetação em arquitetura e urbanismo

Desenhando uma palmeira

Estas palmeiras foram feitas de modo bem simples. As suas folhas são representadas com traços acompanhando o sentido natural, e o detalhe está em seu caule, que foi todo feito com traços paralelos.

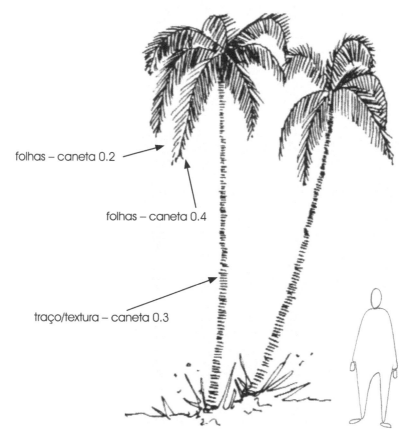

Para sugerir leveza ao desenho, neste exemplo foi usado o artifício do contorno, em que se optou aplicar este somente em uma das palmeiras, visando alcançar o objetivo proposto.

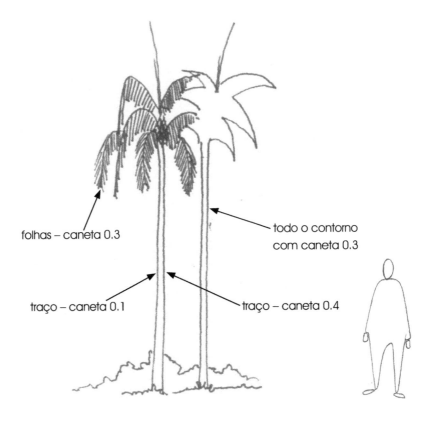

Nesta composição temos várias espécies de vegetação. É a representação específica para o pano de fundo da perspectiva de uma edificação.

O processo foi o mesmo da representação anterior, utilizando-se apenas os contornos das massas, mas possui algumas intervenções escuras para sugerir profundidade ao desenho.

contorno – caneta 0.2

Etapa 8
A aplicação

Definindo a forma e a volumetria do desenho

Neste exemplo temos uma aplicação do desenho de vegetação em uma perspectiva. Os desenhos foram feitos usando-se canetas de mesma espessura.
Na página seguinte mostraremos a sua sequência.

Nesta etapa já foram trabalhados os traços de
espessuras diferentes e as manchas escurecidas
em lugares estratégicos para a definição da forma e
volumetria do desenho.

Aplicação da vegetação em perspectiva

Começaremos mostrando a perspectiva de uma casa ainda sem a aplicação do desenho da vegetação para, em seguida, procedermos com a colocação do seu desenho e sentirmos a diferença.
A cada nova página serão acrescentados novos elementos de vegetação.

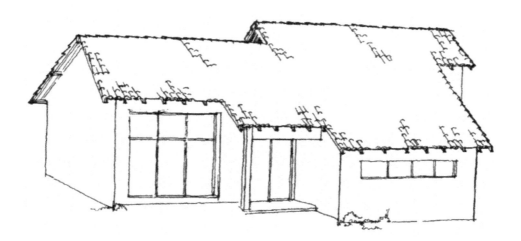

Aqui foi inserida uma árvore em primeiro plano,
alguns arbustos e as forrações...

... uma nova árvore foi desenhada em segundo plano, atrás da casa...

... e a vegetação de pano de fundo foi colocada, dando uma maior consistência ao desenho.

Após conhecer todo o processo, o qual foi denominado de passo-a-passo, fica claro que fazer o desenho da representação estilizada da vegetação é possível.
As várias técnicas aqui apresentadas dão condições àqueles que querem aprender a fazer a representação gráfica da vegetação em arquitetura e urbanismo, portanto, mesmo sem o chamado "dom" artístico, qualquer pessoa pode aprender a desenhar, bastando para isso seguir todas as etapas aqui apresentadas. Praticando bastante você terá sucesso nesse tipo de desenho.